BEI GRIN MACHT SICH IHR WISSEN BEZAHLT

- Wir veröffentlichen Ihre Hausarbeit,
  Bachelor- und Masterarbeit

- Ihr eigenes eBook und Buch -
  weltweit in allen wichtigen Shops

- Verdienen Sie an jedem Verkauf

Jetzt bei www.GRIN.com hochladen
und kostenlos publizieren

Turgut U.

Kann man von einer Entdämonisierung der Melusinengestalt sprechen?

GRIN Verlag

Bibliografische Information der Deutschen Nationalbibliothek:

Die Deutsche Bibliothek verzeichnet diese Publikation in der Deutschen National-
bibliografie; detaillierte bibliografische Daten sind im Internet über http://dnb.d-
nb.de/ abrufbar.

Impressum:

Copyright © 2012 GRIN Verlag GmbH
Druck und Bindung: Books on Demand GmbH, Norderstedt Germany
ISBN: 978-3-656-36461-0

Dieses Buch bei GRIN:

http://www.grin.com/de/e-book/208795/kann-man-von-einer-entdaemonisierung-
der-melusinengestalt-sprechen

GRIN - Your knowledge has value

Der GRIN Verlag publiziert seit 1998 wissenschaftliche Arbeiten von Studenten, Hochschullehrern und anderen Akademikern als eBook und gedrucktes Buch. Die Verlagswebsite www.grin.com ist die ideale Plattform zur Veröffentlichung von Hausarbeiten, Abschlussarbeiten, wissenschaftlichen Aufsätzen, Dissertationen und Fachbüchern.

Besuchen Sie uns im Internet:

http://www.grin.com/

http://www.facebook.com/grincom

http://www.twitter.com/grin_com

Kann man von einer Entdämonisierung der Melusinengestalt sprechen?

Inhaltsverzeichnis   **Seite**

1. Einleitung

Thüring von Ringoltingens „Melusine" handelt von einer mythische Sagengestalt des Spätmittelalters. Es handelt davon, dass Melusine einen Ritter unter der Bedingung eines speziellen Tabus heiratet. Laut dem Tabu darf er sie an einem bestimmten Tag, hier am Samstag, in ihrer wahren Gestalt nicht sehen, doch den Ritter überkommt seiner Neugier und bricht das Tabu. Im Gesamtverlauf der Sage präsentiert sich Melusine erfüllt vom Drang, in der sterblichen Welt zu leben, obwohl sie fast alle ihre dämonischen Wesensmerkmale besitzt und diese in ihrer Beziehung und Ehe mit Raimund zur Geltung bringt.

In dieser Arbeit möchte ich mich auf die Frage konzentrieren, ob man im Bezug auf den Drang von Melusine, ihrer Ehe mit dem Ritter und dem Gesamtverlauf ihrer Beziehungen, von einer Entdämonisierung der Melusinengestalt sprechen kann.

Dafür möchte ich zuerst eine allgemeine Einführung in die Welt der Wasserfrauen und dämonischen Gestalten ausführen. Anschließend soll Melusine mit ihren Merkmalen als Wasserfrau bzw. Dämon diskutiert werden. Hierzu werde ich verschiedene Stellen aus Thüring v. Ringoltingens Melusine zitieren und versuchen in allen Einzelheiten zu untersuchen, um der Beantwortung meiner Fragestellung nahe zu kommen.

2. Eigenschaften von Feen

In der Antike finden sich verschiedene Typen von Sagengestalten, insbesondere weibliche Gestalten, die in enger Verbindung mit dem Wasser stehen, sogenannte Wasserfrauen, die Beate Otto „große Mütter" nennt.[1] Diese sind z.B. die Nymphen und die Sirenen. Sirenen stehen mit ihren todbringenden Verlockungskünsten für die negativen Eigenschaften. Sie galten mit ihrer äußeren Erscheinung als abscheulich, bekamen aber später durch einen Wesenswandel sexuelle Elemente

---

[1] Otto, Beate: Unterwasser-Literatur: von Wasserfrauen und Wassermännern. Würzburg: Königshausen & Neumann, 2001, S. 26.

zugeschrieben, wie z.B. einen attraktiven Oberkörper und wurden bewundert.[2] Das gefällige Gegenteil dazu stellen Nymphen dar. Außer ihrer Eigenschaft in die Zukunft sehen zu können, welches eine Gemeinsamkeit mit den Sirenen ist, wurden sie als Geberinnen der Fruchtbarkeit akzeptiert.[3] Die Nymphen wurden im Laufe der Jahrhunderte im deutschen Sprachraum zur Nixe und verloren die meisten ihrer positiven Attribute. Wichtig erscheint noch, dass Sirenen und Nixen keine Namen besaßen und nicht gesonderte Charaktere hatten, daraus ist zu verstehen, dass sie sich alle in vielen Eigenschaften ähnelten. Die Beziehungen zwischen diesen Gestalten und Männern waren fast immer durch eine Bedingung oder einem Verbot gekennzeichnet. Sie endeten fast ausnahmslos mit einer Bestrafung des männlichen Charakters, welches meist eine Kastration, der Tod war oder in Form einer Erblindung durchgeführt wurde. Wir finden eine ganze Reihe von solchen gewaltigen Bestrafungen in der Literatur und Geschichte. Beispielsweise: die Bedrohung des Hirten Anchises durch Aphrodite mit dem Wetterstrahl des Zeus, die tötende Artemis, die Göttin Kybele, wegen der Attis, der Sohn der Flussnymphe Nana, für immer ein Knabe blieb und viele weitere ähnliche Bußen.[4]

Melusine gehört zu den namenlosen Wasserfrauen der Antike, die ihre Namen, genauso wie die Undinen, später erhielt. Diese schlangengeschwänzte Frau, die immer nur temporär die Form einer sterblichen Figur annimmt, ist eine Mischung aus einer Meerfee und einem fliegenden Drachen. In ihrem natürlichen Aussehen als Drache, Schlange oder Fischfrau wirkt Melusine beängstigend auf Männer. Es stellt sich hiermit heraus, dass Melusine eine gemischte Erscheinung ist, in der sich unterschiedliche Ansichten gesammelt haben. Der Kern dieser Unterschiede ist nach Inge Stephan „das Wunsch–und Schreckbild einer elementaren Weiblichkeit"[5]

Zu den wichtigen und aussagekräftigen Eigenschaften zählt die Kombination von einem Schlangenschwanz mit der Frau, wie man sie bei Melusine antrifft. Diese Kombination galt als Zeichen für die Sünde des ersten Menschenpaares und verkörpert durch den Schwanz des Tieres die Angst des Mannes vor der Liebeskunst

---

[2] vgl. Otto, Beate 2001, S. 29.
[3] Gutierrez Köster, Isabel: „Ich geh nun unter in dem Reich der Kühle, daraus ich geboren war…" zum Motiv der Wasserfrau im 19. Jahrhundert. Berlin: Logos-Verlag., 2001, S. 45.
[4] vgl. Gutierrez Köster, Isabel 2001, S. 16–17.
[5] Stephan, Inge: Inszenierte Weiblichkeit: Codierung der Geschlechter in der Literatur des 18. Jahrhunderts. Köln, 2004, S. 220.

der Frau.[6] Eine weitere Zusammensetzung ist die Verbindung von Frau und Fischen. Der Fisch steht für die menschliche – christliche Seele, dass durch die Wasserfrauen, aus Weltlust, vernichtet werden soll.[7] Später änderte sich das Bild der Wasserfrauen in Positive. Dieses Thema möchte ich aber nicht weiter ausführen.

2.1 Melusine als Fee

In der Melusinen-Figur, deren Berühmtheit von Beate Otto mit der Figur der Venus verglichen wird, finden wir fast alle oben beschriebenen Merkmale von Wasserfrauen.[8] Melusine ist ein Dämon und eine Erlöserin, aber möchte sie gleichzeitig, wenn man ihr Verlangen nach der menschlichen Welt berücksichtigt, von ihren Merkmalen befreit werden? Schon mit der Begegnung mit ihrem Gatten, treten ihre Eigenschaften als Wasserfrau hervor. Sie übernimmt ähnlich wie alle Wasserfrauen die handelnde Rolle bei dem Zusammentreffen und spricht den Mann an: *„Reymund/ lieber Freund/ dein not und klag ist mir leid in trewen".*[9] Hier ist, als eine weitere Besonderheit, darauf aufmerksam zu machen, dass Melusine bereits den Namen „Reymund", durch ihre dämonische Eigenschaft kennt. Als er sie in seinem Kummer nicht wahrnimmt, packt sie ihn sogar an seinen Riemen und weist ihn zurecht: *„Sicher du beweisest gar nicht/ das du von dem hochgelobten Adel geborn seyest/ das du also stillschweigend fÜrreiten wollest"*, was gar nicht typisch für eine adelige Frau der Zeit war.[10] Dieses Verhalten sagt aus, dass Melusine keine gewöhnliche Frau ist. Bei der Begegnung am Brunnen spricht Melusine ihm eine beneidenswerte Zukunft, in der all seine Wünsche Erfüllung finden werden, zu. Reymund überlässt sich bedingungslos ihren Händen. Auch wenn er vorerst, wegen seinem Kummer Melusine nicht bemerkt, weil er sich kurz nach dem Tod seines Onkels befindet, den er versehentlich während einer Jagd getötet hat, bleibt er nicht tat los gegenüber der Kenntnisse Melusines. Jedoch lässt er sich schnell von ihren vielversprechenden Aussagen und Schwüren

---

[6] vgl. Gutierrez Köster, Isabel 2001, S. 28.
[7] vgl. Otto, Beate 2001, S. 33.
[8] vgl. Otto, Beate 2001, S. 29.
[9] Thüring von Ringoltingen: Melusine. In: In der Fassung des Buchs der Liebe (1587). Mit 22 Holzschnitten. Hrsg. von Hans-Gert Roloff. Stuttgart: Reclam 1991, S. 12.
[10] vgl. Thüring von Ringoltingen 1587, S. 11.

ablenken. Obwohl er seine Frage, woher Melusine seinen Namen kenne, zwei Mal wiederholt, ist er letztlich so beeindruckt von ihr, dass er ihr verspricht: *„Aller-liebste schoene unnd Adeliche Frauw/ ich bin bereit alles das/ das ir mir rahten/ zu thun und zu erfuellen nach gantzer lieb und gutem vermoegen".*[11] Daraufhin nutzt Melusine den günstigen Zeitpunkt aus und spricht:

> *„Reymund/ du solt mir zum ersten schweren bey Gott unnd seinem Leichnam/ daß du mich zu einem Ehelichen Gemahel nemmen/ und an keinem Sambstag mir nimmer nachfragen/ noch mich ersuchen wollest/ weder durch dich selbs/ noch jemand lassen darauf weisen/ daß du mich denn immer ersuchst/ wo ich sey/ was ich thu oder schaff/ sondern mich den gantzen Tag unbekUmmert lassen wOl-lest.[...].*[12]

Hier treffen wir wieder auf ein typisches Merkmal von Wasserfrauen. Der Bezie-hung mit dem Mann wird eine Bedingung gesetzt. Melusine setzt ihrem Verspre-chen auch eine Bedingung. Sie verlangt von Reymund, dass er sie an Samstagen nicht sehen darf, wenn sie sich vermählen. Auch wenn Reymund anfangs verwirrt ist, weil Melusine anscheinend in die Zukunft sehen kann und ihm entgegen der höfischen Verhaltensregeln den Heiratsantrag macht, lässt er sich durch ihre Kenntnisse der christlichen Gebote beeindrucken und nimmt Melusine nicht mehr als unheimlich wahr. In dieser Situation des Zusammentreffens am Brunnen, fin-det man eine regelrechte Gegenüberstellung von dämonischen Eigenschaften und Melusines Verheimlichung ihrer wahren Gestalt. Für die dämonische Hälfte spricht ihre Kenntnis über Reymunds Unglück, ihr unerwartetes Auftreten am Brunnen und ihr aktives Handeln im Umgang mit dem Mann, doch durch ihre christlichen Eide, ihr höfische äußerliche Erscheinung und ihre fast aufdringliche Zuvorkommenheit mindert sich das Geheimnisvolle an und in ihr.

In der Ehe, die Reymund mit Überzeugung eingeht, findet man Melusine wieder als zwiespältiges Wesen. Sie unterlässt nun ihre Taten bzw. ihre dämonischen Fähigkeiten, stattdessen wandelt sie zuvor naturbelassene Gebiete in landwirt-schaftliche nutzbare Flächen und spendet Leben und ist hilfsbereit. An dieser Stel-le möchte ich an meine Fragestellung anknüpfen und darauf aufmerksam machen, dass dieses Verhalten der Wasserfrau dafür sprechen kann, dass sie ihre wahre

---

[11] Thüring von Ringoltingen 1587, S. 14.
[12] Thüring von Ringoltingen 1587, S. 14

Gestalt ablehnt und ein Leben wie jede sterbliche und selbstverständlich adelige Hofdame leben möchte. Ihre Abmachung unterlässt sie aber nicht und verschwindet jeden Samstag. Sie passt weder in die menschliche noch vollständig in die mythische Welt, was eine Beurteilung der Entdämonisierung erheblich erschwert. Diese Feststellung wird nun unter Betrachtung der Ehe und der zehn Söhne analysiert.

3. Melusine und ihre Ehe

Die für die höfische Zeit sehr kurios beginnende Ehe von Melusine und Reymund, verläuft weiterhin ungewöhnlich. Melusine steht nun im Zentrum der Ehe und unterlässt ihre dämonischen Taten, außer, dass sie sich samstags zurückzieht. Obwohl es für die damalige Zeit sehr wichtig war, dass die Ehefrau jederzeit dem Mann zur Verfügung stehen musste, hält sich Reymund an sein Versprechen und schenkt bzw. gewährt Melusine jeden Samstag ihre unabhängige Freiheit. Er zeigt also weiterhin ein sehr verständnisvolles Verhalten, wie damals am Brunnen. Man könnte mit einem übertriebenen Ausdruck sogar sagen, dass er wie „verhext" ist. Er akzeptiert Melusine so wie sie ist, auch wenn sie nicht einem typischen Frauentyp der damaligen Zeit zugeordnet werden kann.

Diese intakte Beziehung wird durch den Bruder Reymunds gestört. Er reagiert sehr verblüfft und misstrauisch, als er an einem Samstag, an dem er das Ehepaar besucht nicht von Melusine empfangen wird, sondern von Reymund. Er spricht zu seinem Bruder: *„Lieber Bruder heißt ewer Gemahel herfur zu euch und ewren Gasten kommen / und sie allda empfahen / und inen Ehr anthun / als sichs denn nun geburt".[13]* Die darauf folgende Antwort Reymunds, dass sie ihn am nächsten Tag empfangen werde, ruft beim Graff vom Forst größeres Misstrauen hervor, weshalb er sich dazu veranlasst fühlt, seinem Bruder all seine Gedanken und Befürchtungen über Melusine mitzuteilen und erklärt Reymund, dass er von Angst erfüllt ist und daran zweifele, ob Reymund verzaubert sei. Er teilt seinem Bruder mit, dass es nicht üblich sei, dass er seine Gemahlin jeden Samstag bedingungslos fortgehen lässt und nicht weiß, was Melusine tut und wohin sie geht, mit wem sie

---

[13] Thüring von Ringoltingen 1587, S. 14

zusammen ist. Er erklärt ihm, dass dies zu Lästereien führte und die Menschen erzählten, dass Melusine einen anderen Mann am Samstag treffe oder vielleicht eine Spukgestalt sei und riet seinem Bruder dazu, sich über die Taten Melusines an jedem Samstag zu informieren.[14]

Reymund lässt sich vom Graff manipulieren und beschließt mit großem Ärger Melusine zu folgen, um zu erfahren, was sie jeden Samstag in der Zeit tut, in der er ihr ihre Freiheit von allem und sich gewährt. Hier wird das Vertrauen dieser Ehe wahrhaftig gebrochen, denn Reymund ist vom Glauben erfüllt, dass Melusine ihm untreu gewesen ist. Wiederrum möchte ich aber darauf aufmerksam machen, dass er gar nicht daran zweifelt, ob sie ein „Gespenst" ist. Daraus schlussfolgere ich, dass Melusine sich sehr gut an das weltliche Leben anpassen konnte. Dies gilt wiederrum als weiteres Indiz dafür, dass sie sich von ihrem dämonischen Dasein lösen wollte.

Mit großem Glauben an die Worte seines Bruders geht der misstrauische Ehemann zu der heimlichen Kammer, in der Melusine jede Woche verschwindet und sticht mit seinem Schwert ein Loch in die Tür. Als er durch das Loch gucken kann, sieht er seine Gemahlin nackt in einer anderen Gestalt:

„sie war oberhalb dem Nabel ein schon weiblich Bild / und von Leib und Angesicht gantz schon / aber von dem Nabel hinab war sie ein grosser langer und unghewrer Wurmschwantz / als blaw Lasur / und mit weisser Silberfarb tropfflich unter einander gesprengt/ als denn ein Schlang gemeinlich gestalt ist".[15]

Mit dieser Handlung bricht Reymund nicht nur sein Versprechen und sein Gelübde. Seine Tat kann auch als symbolische Vergewaltigung oder Verletzung des weiblichen Körpers betrachtet werden.[16]

Überraschender Weise reagiert Reymund sehr ruhig. Er empfindet Schuldgefühle. Seine Verfolgung ging nämlich von dem Betrugsaspekt aus und als er seine Ehefrau nicht in einer Situation findet von der er ausging, sondern sie in einer, für die

---

[14] Thüring von Ringoltingen 1587, S. 70.
[15] Thüring von Ringoltingen 1587, S. 70-71.
[16] Wolfzettel, Friedrich. Der Körper der Fee und der Trifunktionalismus. In: Ridder, Klaus: Körperinszenierungen in mittelalterlicher Literatur. Berlin: Weidler, 2002, S. 377.

sterbliche Welt ungewöhnlichen Gestalt wahrnimmt, verfällt seine Schuldzuweisung und sein Misstrauen. Sehr überraschend ist dabei, dass er nicht entsetzt reagiert, als er sie in einer völlig fremden Gestalt sieht. Nach seinem Tabubruch richtet sich sein Zorn auf seinen Bruder, den er nach seinem Verbrechen trifft. Dabei fühlt er sich dazu veranlasst, Melusine zu rechtfertigen und seine Wut an seinen Bruder auszusprechen.[17]

Auch wenn sich ihr Mann nicht entsetzt zeigt, ist der Aufenthalt Melusines in der sterblichen Welt in Gefahr. Weil Reymund aus Reue schweigt, scheitert die Erlösung Melusines, bis sie von ihrem Mann als Hexe beschimpft wird, nicht. Der Mord Goffroys ist das Ende seiner Mutter. Melusine kehrt in ihre seelenlose Welt zurück.[18]

4. Melusine und ihre Söhne

Melusine ist eine sehr fruchtbare Frau, die zehn Söhne auf die Welt bringt. Laut Quast, wird sie als die *„mittelalterliche Form der Göttin-Mutter, die Fee der Fruchtbarkeit"* beschrieben.[19]Als einzig außergewöhnlich erscheint dabei nur, dass alle ihre Kinder männlich sind. Alle ihre Söhne, außer Horrible, werden hervorragende Ritter. Desweiteren haben sie fast alle sogenannte Muttermale, die ein Kennzeichen der Wesenseigenschaft Melusines wiederspiegeln und auf die Herkunft der Jungen aufmerksam machen. Ihre Veranlagung haben die Kinder in solchen Vermählungen von dem Vater, was heisst, dass sie gewöhnliche sterbliche Menschen sind und somit nicht vollständig mit den Attributen der Mutter vereint werden können.[20] Dass ihre jüngsten Söhne keine Male tragen, könnte ein weiteres Zeichen für Melusines Entdämonisierung sein. Dass es ausgerechnet die beiden letzten Kinder sind, könnte vielleicht aussagen, dass die Wasserfrau sich langsam von ihren dämonischen Eigenschaften entfernt oder vielmehr löst.

---

[17] vgl. Thüring von Ringoltingen 1587, S. 72.

[18] Scholz Williams, Gerhild: Magie entzaubert: Melusine, Paracelsus, Faustus, In: Entzauberung der Welt. Deutsche Literatur 1200-1500. Hrsg. von James F. Poag und Thomas C. Fox. Tübingen 1989, S. 56-60.

[19] Quast, Bruno: *„Diß kommt von gelückes zuovalle".* Entzauberung und Remythisierung in der *„Melusine"* des Thüring von Ringoltingen. In: Friedrich, Udo; Quast, Bruno (Hg.): Präsenz des Mythos. Konfigurationen einer Denkform im Mittelalter und Früher Neuzeit; Berlin 2004, S.83-96.

[20] Scholz Williams, Gerhild 1989, S. 55.

Wenn man ihre Söhne einzeln betrachtet, dann stellt man fest, dass acht ihrer Söhne, wie wir im Text lesen können abnorme Attribute besitzen. Ihr erstes Kind Uriens hat ein kurzes breites Gesicht, ist flach unter den Augen, trägt ein rotes und ein grünes Auge und einen großen weiten Mund, auffällige Ohren, währenddessen hat Geddes der zweite Sohn ein auffällig rotes Gesicht und bei Thüring von Ringoltingen zwei verschiedenartige Ohren. Ihrem Sohn Gyot stand das eine Auge höher als das andere, der vierte Sohn Anthoni trug eine Löwenpranke auf der Wange und hatte lange scharfe Nägel. Danach gebar sie Reinhardt, der nur ein Auge besaß, das ihm mitten auf der Stirn stand und mit dem er sehr scharf sehen konnte. Ihr Sohn Goffroy, der *„das Kloster zu Malliers"*[21] in Brand setze, hatte einen Eberzahn, der sich ihm aus dem Mund erhebte. Freymund, das siebte Kind wird im Text mit einem schönen Körper beschrieben, jedoch hatte er auch ein Merkmal, nämlich ein haarigen Fleck auf der Nase, welches bei Thüring von Ringoltingen als Haar eines Maulwurfs beschrieben wird und auf die wahre Gestalt seiner Mutter zurückzuführen ist. Horibel, ihr achter Sohn, den sie später umbringen ließ, hatte drei Augen auf der Stirn und wird im Text als unheilbringend beschrieben.[22] Diese Merkmale üben keine Auswirkungen auf das Leben der Söhne aus, sie sind normale Ritter und kämpfen gegen Monster und böse Herrscher. Diese Zeichen sollte man als Besonderheit ihrer Kinder betrachten, denn sie haben offenbar ihre Funktionen und Bedeutungen. Sie stehen ihnen in der menschlichen Welt nicht im Weg. Laut Störmer-Caysa sind Melusines Kinder „von defektiver Schönheit, nicht von dämonischer Gestalt". Die jüngsten Söhne die keine Muttermale besitzen, werden als die schönsten beschrieben. Ihr neunter Sohn, den sie Dietrich nannte, wurde ein bewährter Ritter und ihr letztes Kind Reymund ein Graf.[23]

In Hinblick auf die Markierungen der acht Söhne Melusines, kann man laut Wyss von einer Gemeinschaft, die gegen die allgemeine Weltsicht steht sprechen , wonach man erkennen kann, dass die dämonischen Aspekte an dieser Stelle trotz Funktionslosigkeit im Geschehen vorhanden sind. Wobei aber auch nichts anderes außer dieser sagenhaften Gleichheit hervorgeht. Sodass gesagt werden muss, dass

---

[21] vgl. Thüring von Ringoltingen 1587, S. 33.
[22] Wyss, Ulrich: Was bedeuten Körperzeichen? Über Melusines Kinder. In: Ridder, Klaus: Körper inszenierungen in mittelalterlicher Literatur. Berlin: Weidler, 2002, S. 385.
[23] Störmer-Caysa, Uta: Melusines Kinder bei Thüring von Ringoltingen. In: Beiträge zur geschich te der deutschen Sprache und Literatur, Jg. 121 (1999), H. 2, S. 249.

die Körperzeichen der acht Söhne keine codierte Rätselhaftigkeit tragen.[24] So gelangen wir wieder an einen Punkt, an dem es unheimlich schwer ist, für oder gegen eine Entdämonisierung zu sprechen.

5. Schlusswort: Entdämonisierung?

An dieser Stelle ist es wichtig, klar zu machen, was man unter Dämonisierung und Entdämonisierung versteht darf. Laut Quast, ist die Entdämonisierung Melusines eine Entzauberung und die Einfügung in die christliche Werte-und Normen-Welt. Christliches Glauben ist hier als völlig weltliches Dasein und Leben zu beachten. Daraus wird verstanden, dass die Entdämonisierung dem weltlichen Dasein und Leben entspricht. Quast macht als weiteres Indiz der *„Entzauberung"* der Melusinen-Gestalt darauf aufmerksam, dass die Ehe einwandfrei verläuft und dies ganz ohne dämonische Kräfte.[25]

Im Hinblick auf die oben aufgeführte Erklärung der Entdämonisierung, ist die Dämonisierung selbstverständlich als das Gegenteil zu verstehen. Dämonische Eigenschaften können nicht abgewiesen werden und man kann bei dämonischen Wesen nicht von Fügung im Leben sprechen, denn Quast bezeichnet die Verwirklichung dieser Aspekte als Entmythisierung.[26]

In Bezug auf die aufgeführten Kapitel ist es schwer eine Entdämonisierung zu beurteilen. Am Ende der Sage steht fest, dass Melusine nicht entdämonisiert wird. Sie kehrt letztlich in ihre Feen-Welt zurück. Falls man von einer Entdämonisierung sprechen möchte, dann kann man, meines Erachtens, von einer periodischen Entfernung Melusines sprechen.

Die Ehe von Reymund und Melusine spricht für ein weltliches Dasein. Wiederrum darf man nicht vergessen, dass die Ehe mit dämonischen Kräften der Wasserfee in die Wege geleitet wird. Auch während der Ehe besteht ein mysteriöser Aspekt. Samstage, an jedem Melusine verschwindet und Reymund nach ihr nicht nachforscht, hat eigentlich die entscheidendste Rolle in diesem Kontext. Jedoch

---

[24] vgl. Wyss, Ulrich 2002, S. 385.
[25] vgl. Quast, Bruno 2004, S.85
[26] vgl. Quast, Bruno 2004, S.86

kann ich diese Abmachung zwischen den Eheleuten nicht direkt als dämonisch auf Melusine beziehen, denn auch rein weltliche Ehen können solche Vereinbarungen beinhalten, die ausschließlich dem Zweck dienen, dass sich die Ehepaare in andere sozialen Gegenden aufhalten oder sich einen Gewissen Freiraum voneinander gewähren.

Die Merkmale ihrer Kinder vertreten zwar Melusines Wurzeln aber die Gegebenheit einer solchen Ehe, dass gemeinsame Kinder ihre Veranlagung von dem Vater erhalten, hebt nochmals die vollständige Entdämonisierung auf. Hieraus ergibt sich, obwohl Melusine Mutter werden darf, was weltlich einen hohen Stellenwert besitzt, mit Ausnahmen verbunden sein darf und Mütter immer etwas besonderes sind, dass die Fee kein gänzlichen Eintritt in die sterbliche Welt erlangt.

6. Literaturverzeichnis

6.1 Primärliteratur

(1) Thüring von Ringoltingen: Melusine. In: In der Fassung des Buchs der Liebe (1587). Mit 22 Holzschnitten. Hrsg. von Hans-Gert Roloff. Stuttgart: Reclam 1991, 179 S.

6.2 Sekundärliteraturen

(1) Gutiérrez Koester, Isabel: „Ich geh nun unter in dem Reich der Kühle, daraus ich geboren war ..." zum Motiv der Wasserfrau im 19. Jahrhundert. Berlin : Logos-Verl., 2001.

(2) Otto, Beate: Unterwasser-Literatur: von Wasserfrauen und Wassermännern. Würzburg: Königshausen & Neumann, 2001.

(3) Quast, Bruno: „Diß kommt von gelückes zuouvalle". Entzauberung und Remythisierung in der „Melusine" des Thüring von Ringoltingen. In: Friedrich, Udo; Quast, Bruno (Hg.): Präsenz des Mythos. Konfigurationen einer Denkform in Mittelalter und Früher Neuzeit; Berlin 2004, S. 83-96.

(4) Scholz Williams, Gerhild: Magie entzaubert: Melusine, Paracelsus, Faustus. In: Entzauberg der Welt. Deutsche Literatur 1200-1500. Hrsg. von James F. Poag und Thomas C. Fox. Tübingen 1989, S. 53-71.

(5) Stephan, Inge: Inszenierte Weiblichkeit : Codierung der Geschlechter in der Literatur des 18. Jahrhunderts. Köln, 2004.

(6) Störmer-Caysa, Uta: Melusines Kinder bei Thüring von Ringoltingen. In: Beiträge zur Geschichte der deutschen Sprache und Literatur, Jg. 121 (1999), H. 2, S. 249.

(7) Thüring von Ringoltingen: Melusine. In: In der Fassung des Buchs der Liebe (1587). Mit 22 Holzschnitten. Hrsg. von Hans-Gert Roloff. Stuttgart: Reclam 1991, 179 S.

(8) Wolfzettel, Friedrich: Der Körper der Fee und der Trifunktionalismus. In: Ridder, Klaus: Körperinszenierungen in mittelalterlicher Literatur. Berlin: Weidler, 2002.

(9) Wyss, Ulrich: Was bedeuten Körperzeichen? Über Melusines Kinder. In: Ridder, Klaus: Körperinszenierungen in mittelalterlicher Literatur. Berlin: Weidler, 2002.